BEI GRIN MACHT SICH IHR WISSEN BEZAHLT

Zur deutschen Rezeption der Französischen Revolution

"Gerechtigkeit, Gerechtigkeit! – Du weinst mit Recht zu Gott"

Bibliografische Information der Deutschen Nationalbibliothek:

Die Deutsche Nationalbibliothek verzeichnet diese Publikation in der Deutschen Nationalbibliografie; detaillierte bibliografische Daten sind im Internet über http://dnb.d-nb.de abrufbar.

ISBN: 9783389044810
Dieses Buch ist auch als E-Book erhältlich.

Institut für Geschichte
Deckblatt für schriftliche Semesterprüfungsleistungen

Wintersemester 2018/2019

<u>Titel der Lehrveranstaltung:</u> Klassiker der Geschichtswissenschaft und die Französische
Revolution (1789-1794)

Art der Arbeit: Seminararbeit

Titel der Arbeit: *Gerechtigkeit, Gerechtigkeit! – Du weinst mit Recht zu Gott*
Zur deutschen Rezeption der Französischen Revolution

Datum der Abgabe: 15.03.2019

Inhaltsverzeichnis

1. Einleitung

Die Ereignisse der Französischen Revolution wurden schon vielfach in der Geschichtsschreibung diskutiert und rezipiert, da sie ausgehend von Frankreich auch ganz Europa beeinflussten. Daher haben sich nicht nur französische Schriftsteller, Maler oder Historiker zu den Geschehnissen geäußert. Auch in der deutschen Rezeption spielt die Französische Revolution bis heute eine bedeutende Rolle.

Unter anderem formulierte der deutsche Schriftsteller Johann Christian Hermann Gittermann seine Sichtweise auf die Französische Revolution in dem Gedichtband „Ueber die Hinrichtung Ludwigs XVI., Königs der Franzosen, am 21. Januar 1793". Die vorliegende Arbeit stützt sich im Wesentlichen auf dieses Werk. Daher soll hier hauptsächlich zunächst auf die Anfangsjahre der Ersten Französischen Republik unter Maximilien de Robespierre und damit verbunden den Prozess gegen Ludwig XVI. und die Folgen der Hinrichtung eingegangen werden. Anschließend liegt der Fokus auf Gittermanns Auffassung der Ereignisse, wobei der Gedichtband entlang ausgewählter Kritikpunkte analysiert werden soll. Darauf aufbauend liegt das Erkenntnisinteresse dieser Arbeit auf Gittermanns Einstellung zur Französischen Revolution und seiner allgemeinen Weltanschauung. Die Interpretation geschieht vor dem Hintergrund eines mentalitätsgeschichtlichen Forschungsansatzes und mit besonderem Blick auf die Terrormaßnahmen der Jakobiner.

Die Mentalitätsgeschichte formierte sich in den 1960er Jahren als geschichtswissenschaftliche Disziplin. Ihr Forschungsgebiet umfasst die Gedanken und Grundeinstellungen von Menschen. In der deutschen Geschichtswissenschaft existiert keine einheitliche Definition des Begriffs Mentalität, daher gestaltet sich die Forschung unter mentalitätsgeschichtlichen Aspekten schwierig. In Frankreich dagegen entstand die Mentalitätsgeschichte im Zusammenhang mit der Annales-Schule, die sich etwa 1930 etablierte und einen starken Einfluss auf die Geschichtswissenschaft ausübte. Daher wurde der Begriff der Mentalität in der französischen Forschung schon relativ früh für die Untersuchung von Gesellschaften verwendet.[1]

Die Französische Revolution stellt ein besonders für die Mentalitätsgeschichte einschneidendes Ereignis dar, weil sie neben politischen Reformen auch einen Umbruch der Denkart und Geisteshaltung von Menschen zur Folge hatte. Einen speziellen Aspekt bildet hierbei die revolutionäre Gewalt, die sich im Zuge der Terrorherrschaft unter Robespierre zu einer übergreifenden Gesinnung entwickelte.

---

[1] Vgl. Volker, Sellin, Mentalität und Mentalitätsgeschichte, in: Historische Zeitschrift (1985), 241, S. 560 f.

2. Die Anfänge der Terrorherrschaft

2.1 Verurteilung und Hinrichtung Ludwigs XVI.

Mit dem Sturm auf die Tuilerien am 10. August 1792 begannen die Revolutionäre parallel zum Kampf gegen die äußeren Feindmächte Preußen und Österreich auch gegen das innere gemeinsame Feindbild gewaltsam vorzugehen. Dieses bestand aus den Aristokraten, den eidverweigernden Geistlichen und dem König, welcher unverzüglich in Arrest genommen wurde. Nur wenige Wochen später am 21. September setzte der neu zusammengekommene Nationalkonvent den König offiziell ab und rief die Republik aus.[2]

Ab Dezember 1792 und über den Jahreswechsel hinaus wurde dem abgesetzten Monarchen der Prozess gemacht. Ihm wurde vorgeworfen, gegen die Freiheit konspiriert zu haben und somit des Landesverrats schuldig zu sein. Den entsprechenden Beweis für seinen Hochverrat lieferten in den Tuilerien entdeckte Dokumente, welche die Korrespondenz des Königs mit feindlichen Mächten offenbarten. In der darauffolgenden Verhandlung setzte sich die radikale Bergpartei durch, deren Ziel es war, die Monarchie endgültig und nachhaltig zu eliminieren. Sie forderte einstimmig die Hinrichtung Ludwigs, während die eher gemäßigten Girondisten gegen die Verurteilung zum Tode opponierten. Am 17. Januar 1793 plädierte der Konvent mit der Mehrheit der Stimmen für die Todesstrafe und zwar mit sofortigem Strafvollzug.[3]

Schließlich kam mit dem 21. Januar 1793 der Tag der Hinrichtung. Ludwig XVI. – er wurde seit seiner Absetzung von den Revolutionären nur noch mit seinem bürgerlichen Namen Louis Capet angesprochen – sollte auf dem Place de la Revolution guillotiniert werden, welcher von bewaffneten Bürgern und Soldaten umstellt war. Vor der Vollstreckung seines Todesurteils versuchte Ludwig eine letzte Ansprache an das Volk zu halten, in der er verkündete, unschuldig zu sterben, seinen Feinden jedoch zu verzeihen.[4]

Die Hinrichtung des Königs markierte den endgültigen Untergang der Monarchie und damit den Anfang der jakobinischen Terrorherrschaft. Laut Robespierre war das Verschwinden des Königtums notwendig, um die Republik aufblühen zu lassen, denn nur sie könne die Ziele der Revolution – Freiheit, Gleichheit, Brüderlichkeit – verwirklichen.[5]

---

[2] Vgl. Schulin, Ernst, Die Französische Revolution (4., überarb. Aufl.), München 2004, S. 129 f.
[3] Vgl. Kruse, Wolfgang, Die Französische Revolution, Paderborn (u.a.) 2005, S. 32.
[4] Vgl. Furet, François; Richet, Denis, Die Französische Revolution, München 1981, S. 237 f.
[5] Vgl. Robespierre, Maximilien, Über die Prinzipien der politischen Moral, in: Maximilien Robespierre: Über die Prinzipien der politischen Moral: Rede am 5. Februar 1794 vor dem Konvent, hrsg. von Sabine Groenewold, Hamburg 2000, S. 9.

2.2 Umbruch in der deutschen Sichtweise auf die Revolution

In Deutschland wurden die Ereignisse zu Beginn der Französischen Revolution durchgängig positiv bewertet und es herrschte zunächst Begeisterung. Viele deutsche Bürger reisten nach Paris – dem Mittelpunkt des Geschehens – und machten sich selbst ein Bild von der Revolution. Außerdem informierte das deutsche Zeitungswesen immer häufiger über die Ereignisse in Frankreich. Der Großteil der deutschen Bevölkerung fand Gefallen an den französischen Reformmaßnahmen und appellierte daher an die eigenen Fürsten, diese Gedanken aufzunehmen und somit den aufgeklärten Absolutismus in Deutschland weiterzuentwickeln. Bei diesem Reformwillen nach französischem Vorbild blieb es jedoch, denn in dieser frühen Phase der Französischen Revolution ließen sich nur wenige deutsche Bürger zu tatsächlichen Aktivitäten im Sinne von Umsturzbestrebungen hinreißen.[6]

Mit der Verurteilung und Hinrichtung Ludwigs XVI. und der beginnenden Terrorherrschaft unter Robespierre kam die anfängliche Sympathie allmählich zum Erliegen. Stattdessen erfuhr die Französische Revolution in der deutschen Rezeption einen Wandel hin zu Enttäuschung, Abwendung und Aversion. Die Mehrheit ehemaliger revolutionsfreundlich eingestellter Bürger missbilligte die Radikalisierung der Revolution und distanzierte sich von ihr. Allerdings suchte sie auch keinen Zusammenschluss mit dem rechten Lager, welches das Revolutionsdenken von Beginn an ablehnte. Als Vertreter der führenden Meinung im Volk nahmen sie viel mehr einen mittleren Standpunkt zwischen den konservativen Revolutionsgegnern und den radikalen Verfechtern des Jakobinismus ein. Letztere bildeten jedoch nur einen verschwindend geringen Teil der Bevölkerung.[7]

Auch bei vielen Philosophen und Dichtern schlug die Stimmung von einstiger Faszination in Abneigung und Verachtung um. Zum Beispiel warnte der ehemalige Revolutionsanhänger Friedrich Schiller vor dem „falschen" Freiheitsgedanken der Revolution. Die meisten Dichter und Denker identifizierten sich mit den humanistisch-aufklärerischen Idealen, die von einem positiven Menschenbild ausgehen. Der Mensch sei vernunftbegabt, tugendhaft und verantwortungsbewusst. Dieser Sichtweise nach erscheine die revolutionäre Gewalt als moralisch verwerflich und als primitives Kräftemessen innerhalb des gemeinen Volks.[8]

---

[6] Vgl. Berding, Helmut, Die Ausstrahlung der Französischen Revolution auf Deutschland, in: Französische Revolution und deutsche Öffentlichkeit: Wandlungen in Presse und Alltagskultur am Ende des achtzehnten Jahrhunderts, hrsg. von Holger Böning, München [u.a.] 1992, S. 10.
[7] Vgl. Kuhn, Axel, Die Entstehung der politischen Gruppierungen in Deutschland, in: "Sie, und nicht Wir" / 2, Das Reich, hrsg. von Arno Herzig (u.a.), Hamburg 1989, S. 434.
[8] Vgl. Hippel, Wolfgang von (Hg.), Freiheit, Gleichheit, Brüderlichkeit?: Die Französische Revolution im deutschen Urteil von 1789 bis 1945, München 1989, S. 13.

3. J. C. H. Gittermann: Ueber die Hinrichtung Ludwigs XVI., Königs der Franzosen, am 21. Januar 1793

3.1 Gittermanns Kritik an der Französischen Revolution

Der deutsche Schriftsteller Johann Christian Hermann Gittermann äußerte sich wie viele seiner Zeitgenossen ebenfalls negativ zu der Radikalisierung der Revolution. Er wurde 1768 in Dunum geboren und starb 1834 in Emden. Den Großteil seines Lebens verbrachte Gittermann in Ostfriesland, was seine Heimatliebe besonders prägte. Er wuchs in einer geistlichen Familie auf und besuchte die Lateinschule in Norden. Anschließend studierte Gittermann Philosophie und Theologie in Halle. Nach seinem Studium wurde er Leiter des Waisenhauses in Esens und bekam kurz darauf eine Stelle als Prediger in Resterhafe, wo er 1792 auch heiratete. Im Jahre 1807 wechselte er zunächst in die lutherische Gemeinde nach Emden. 1809 wurde Ostfriesland nach der Schlacht bei Jena und Auerstedt an das Königreich Holland angeschlossen, worauf Gittermann eine Stelle in Amsterdam angeboten wurde. Im Jahre 1818 erhielt er von der Universität Halle die philosophische Doktorwürde. Ungeachtet dieses Titels hatte Gittermann einen weitverbreiteten guten Ruf als Theologe, Volkslehrer und Dichter. Er war außerdem bekannt als ausgezeichneter Redner, weshalb er beruflich vornehmlich als Prediger tätig war. Seine Werke veröffentlichte er privat oder als Aufsätze in verschiedenen Zeitungen. Weiterhin erschienen viele seiner geistlichen Lieder im ostfriesischen Kirchengesangsbuch.[9]

In seinem Gedichtband „Ueber die Hinrichtung Ludwigs XVI., Königs der Franzosen, am 21. Januar 1793" äußert sich Gittermann in lyrischer Form zu den Ereignissen in Frankreich. Er thematisiert und kritisiert hauptsächlich die Gewaltanwendungen der Jakobiner sowie die allgemeine Abkehr von den göttlichen Werten und appelliert an die Menschen, die Revolution zu stoppen. Der Band wurde von Gittermann vermutlich 1793 unmittelbar nach der Hinrichtung Ludwigs verfasst.

Die revolutionäre Gewalt

Gittermann missbilligt besonders das Denken und Handeln der Revolutionäre. Sie seien brutal und kaltblütig, denn [n]*ichts wird verschont*[10]. Während an den Landesgrenzen Krieg herrsche, seien die Revolutionäre die Verursacher der inneren Feindseligkeiten. Sie würden Häuser ausrauben und so viele Menschen misshandeln und töten, *daß das Blut den Rand der Strassen*

---

[9] Vgl. Liliencron, Rochus von (Hg.), Allgemeine deutsche Biographie / 9, Geringswald - Gruber – (Neudr. der 1. Aufl. von 1879, 2. unveränd. Aufl), Leipzig 1968, S. 204.
[10] Gittermann, Johann Christian Hermann, Ueber die Hinrichtung Ludwigs XVI., Königs der Franzosen, am 21. Januar 1793, in: Landesbibliothek Oldenburg digital, in: <URL: https://digital.lb-oldenburg.de/vd18/content/titleinfo/432264> [Zugriff am 04.03.2019], S. 9.

röthet[11]. Beispielsweise hätten sie einen alten Mann an den Haaren über die Straße geschleift oder aus reiner Mordlust einen Säugling an einem Stein zerschlagen. Auf den Plätzen und Straßen seien hohe Leichenhaufen zu sehen sowie Kinder, die mit den abgetrennten Köpfen spielen.[12]

Die Szenen, die sich auf Frankreichs Straßen abspielen, sind nach Gittermann vergleichbar mit der Hölle. Die Revolutionäre seien *Menschen* […] *zur Schande der Natur*[13], denn mit ihrem animalischen Verhalten konterkarieren sie das Bild des Menschen als höchstes entwickeltes Wesen, das – im Gegensatz zum Tier – in der Lage ist, moralische Wertungen vorzunehmen und Empathie zu empfinden. Mit ihrer Überheblichkeit und Selbstüberschätzung würden die Revolutionäre außerdem das Ziel verfolgen, durch Verbreitung von Anarchie die alten, sich auf König und Kirche stützenden Gesellschaftsstrukturen zu beseitigen und somit die christliche Weltordnung dem Spott und der Verachtung preiszugeben.[14]

Die Hinrichtung Ludwigs XVI. als symbolischer Höhepunkt

Mit der Hinrichtung des Königs hätten die Revolutionäre allerdings *den letzten Streich vollendet*[15]. Diese Tat stelle also die Grenze des Vorstellbaren und der Maßlosigkeit der revolutionären Gewalt dar und würde ganz Europa konsternieren. Für Gittermann ist dieses „schändliche" Vergehen die *Schuld* […], *die ein Jahrhundert nicht verwaschen kann*[16], also eine Tat, die unvergesslich bleiben wird.

In diversen Gedichten schildert Gittermann den Verlauf des Hinrichtungstages, allerdings ist nicht bekannt, ob er tatsächlich am Ort des Geschehens anwesend war. Am *Tag des Bluts*[17] habe der Sohn des Königs die Wächter, die Ludwig zum Schafott begleiten sollten, darum gebeten, das Volk und das Gericht noch einmal von der Gutherzigkeit seines Vaters überzeugen zu dürfen. Doch das Betteln des Sohnes sei vergeblich gewesen, denn der Wächter *Herz ist eisern, und dürstet nur nach ihres Königs Blut*[18]. Dennoch sei der König mutig und zuversichtlich auf das Schafott gestiegen. Nach Gittermann habe Ludwig abschließend versucht eine Ansprache zu halten, doch seine Stimme wurde von den lauten Trommeln der Soldaten

---

[11] Vgl. Gittermann, Johann Christian Hermann, Hinrichtung (wie Anm. 10), S. 8.
[12] Vgl. ebd., S. 9.
[13] Ebd., S. 10.
[14] Vgl. ebd.
[15] Ebd., S. 4.
[16] Ebd., S. 5.
[17] Ebd., S. 14.
[18] Ebd., S. 15.

7

übertönt.[19] Insgesamt wäre er von den Anwesenden respektlos behandelt und ohne jegliche Empathie guillotiniert worden.[20]

Gittermann empfindet das Schicksal des Königs als ungerecht, denn er sei im Grunde ein loyaler, fairer und gutmütiger Mensch gewesen. Jedoch habe ihn sein eigenes Volk *bethört durch eine Brut der Bosheit*[21] verkannt und sich gegen ihn gestellt. Die Revolutionäre hätten demnach die Bevölkerung manipuliert und aufgehetzt, sich vom König und der Monarchie abzuwenden.[22]

Der revolutionäre Freiheitsbegriff

Ganz Frankreich wurde laut Gittermann also von den Revolutionären geblendet, besonders durch deren Auffassung von Freiheit, die eine *Misgeburt der neusten Zeit*[23] sei. Dieser „falsche" Freiheitsbegriff, den die Revolutionäre stolz propagieren, sei nach Gittermann mit einem Schierlingsbecher vergleichbar.[24] Die Metapher des Giftbechers bezieht sich auf die Hinrichtung des griechischen Philosophen Sokrates und soll ausdrücken, dass die revolutionäre Idee von Freiheit dieselbe verheerende Wirkung besitzt wie Gift. Hierbei könnte die Aussage im übertragenen Sinne als geistige Vergiftung des Volkes verstanden werden, sodass zum Beispiel die systematisch vollzogenen Hinrichtungen durch die Allgemeinheit moralisch legitimiert wurden.

Darüber hinaus bezeichnet Gittermann den Freiheitsbegriff der Revolution als ein *Phantom von Freiheit*[25]. Die revolutionäre Freiheit sei demnach nur ein Trugbild, eine fehlgeleitete Idee der Revolutionäre, die lediglich dem Gewalttäter das vermeintliche Recht gibt, ungezügelt und ungestraft Angst und Tod zu verbreiten. „Wahre" Freiheit hingegen ist nach Gittermann *dem Ohre Silberton, Licht dem Verstande, [...] nicht Raub und Mord*[26] und bestimmt von rechtschaffenem und tugendhaftem Verhalten. Dieses wahrhaftige Verständnis einer friedlichen Freiheit ohne Beschränkung im Sprechen und Denken würden allerdings nur die aufrechten Anhänger des Königs empfinden; Gittermann nennt sie deshalb die *bessern Franken*[27].

---

[19] Vgl. Gittermann, Johann Christian Hermann, Hinrichtung (wie Anm. 10), S. 16.
[20] Vgl. ebd., S. 4.
[21] Ebd., S. 5.
[22] Vgl. ebd.
[23] Ebd., S. 17.
[24] Vgl. ebd., S. 6.
[25] Ebd., S. 4.
[26] Ebd., S. 7.
[27] Gittermann, Johann Christian Hermann, Hinrichtung (wie Anm. 10), S. 12.

Das gottlose und gefährliche neue Frankreich

Seit *des Aufruhrs Höllenfunken*[28] – also die unheilbringende Wirkung der Revolution – ganz Frankreich ergriffen habe, sei es zu einem Land der Sünden, Schuld und Gottlosigkeit geworden, einem *Jammerbild für eine weiche Seele*[29]. Deshalb soll Gott als *Richter der Verbrecher*[30] Gerechtigkeit über Frankreich bringen und die Revolutionäre für ihre Taten bestrafen, denn *Er, der Alles lohnt*[31] vergelte nicht nur Gutes.

Die Aufständischen würden die Rache Gottes, wenn nicht vorab schon durch körperliche Qualen, dann spätestens in Form von geistigen erfahren, denn *die Wahrheit stralt sogar dem Schurken ein*[32]. Gittermann beschreibt diesen Vorgang als einen metaphorischen Spiegel, in dem die Revolutionäre sich selbst als abstoßende Kreaturen sowie auch ihre Taten sähen und dieses Bild verachten würden. Sie wären innerlich darüber zerrissen, was Gerechtigkeit bedeutet und würden ihre aus Gittermanns Sicht falschen Handlungen erkennen. Sie könnten *nie völlig unbesorgt und furchtlos*[33] sein, denn sie wären Zeit ihres Lebens von diesem psychischen Ballast gepeinigt.

Allerdings fürchtet Gittermann auch die rasche Ausbreitung des französischen Freiheitsgedankens. Dies hätte den Zusammenbruch des restlichen Europas zur Folge, daher sei es die Aufgabe der europäischen Fürsten die Pflicht Gottes zu übernehmen und in seinem Namen *dies schreiende Verbrechen mit dreimal scharfer Hand zu rächen*[34]. Sie sollen also die Taten der Revolutionäre drakonisch ahnden und vergelten sowie *durch allgemeinen Krieg den Freiheitsstrom aus Frankreich hemmen*[35]. Gittermann sorgt sich besonders um seine Heimatregion Ostfriesland hinsichtlich einer möglichen Expansion der Französischen Revolution und ihrer „falschen" Werte. Er möchte die Beibehaltung der ihm vertrauten Verhältnisse.[36]

3.2 Gittermann als Anhänger der alten Ordnung

Die Analyse des Gedichtbandes führt zu dem Ergebnis, dass Gittermann eindeutig eine antirevolutionäre Position einnimmt. Als überzeugter Christ markiert die Hinrichtung Ludwigs

---

[28] Ebd., S 7.
[29] Ebd., S. 8.
[30] Ebd., S. 6.
[31] Ebd., S. 11.
[32] Ebd.
[33] Ebd.
[34] Ebd., S. 16.
[35] Ebd., S. 17.
[36] Vgl. ebd., S. 17.

für Gittermann nicht nur die Grenzenlosigkeit der jakobinischen Gewalt, sondern auch den symbolischen Untergang der religiösen Werte. Denn die für den Absolutismus typische Verbindung der Königsrolle mit einem gottgegebenen Amt wurde mit der Verurteilung des Monarchen aufgehoben. Sich als allmächtig gebärdende Aristokraten und Könige durch Vertreter des gemeinen Volkes exekutieren zu lassen war kein Tabu mehr, also nicht mehr undenkbar. Die Französische Revolution kann somit als sinnbildhafter Dammbruch der traditionellen Werte und Mentalitäten gedeutet werden. Hierbei steht Gittermann als Vertreter des alten Systems auf Seiten eben dieser herkömmlichen monarchisch-christlichen Weltordnung. Er lehnt das progressive Gedankengut der Revolutionäre ab und bezieht sich dabei insbesondere auf dessen Symptome – Unglaube, Angst und Gewalt. Daneben kritisiert er ausdrücklich die Ursache des Revolutionsdenkens: Die mangelnde Würdigung der in seinen Augen nicht zu beanstandenden gesellschaftlichen Verhältnisse sowie eine für ihn unverständliche Missstimmung im Volk.

Die Revolution stellt sowohl einen bis dato unerreichten Höhepunkt der Brutalität als auch einen Bruch mit den konservativen Gewaltformen dar. Damit konnte die systematische Gewaltanwendung ihren Stellenwert innerhalb des Prozesses der nachhaltigen Veränderung von Gesellschaften erheblich steigern.[37] Die jakobinische Ideologie und Gewaltherrschaft stellt den Ursprung der modernen Auffassung von Gewalt als Mittel der Unterdrückung oder Lösung gesellschaftlicher Probleme für eine möglichst konfliktlose und friedliche Zukunft dar. [38]

In diesem Sinne galt der Terror auch als notwendige Maßnahme zur Erreichung der revolutionären Ideale. Daher wurden die Gewaltanwendungen von den Jakobinern legitimiert, denn sie würden moralischen Werten wie Freiheit, Gleichheit und Gerechtigkeit dienen. Der eigentlich inhumane Charakter des Terrors wurde in das revolutionäre Verständnis von Tugend uminterpretiert. Den Feind zu liquidieren wurde zu einer notwendigen Präventionsmaßnahme oder gar zur moralischen Pflicht.[39]

Bei aller Kritik gegenüber dem Verhalten der Revolutionäre spielt Gewalt als Maßnahme zur Auflösung gesellschaftlicher Differenzen paradoxerweise auch in Gittermanns Denken eine Rolle, denn er ruft unmissverständlich zum vernichtenden Krieg gegen die Revolutionäre auf.[40]

---

[37] Vgl. Vovelle, Michel, Die Französische Revolution – Soziale Bewegung und Umbruch der Mentalitäten, München 1982, S. 99.

[38] Vgl. Heuvel, Gerd van den, Terreur, Terroriste, Terrorisme, in: Handbuch politisch-sozialer Grundbegriffe in Frankreich/3, hrsg. von Rolf Reichardt und Eberhard Schmitt, München 1985, S. 89 f.

[39] Vgl. Heuvel, Gerd van den, Der Freiheitsbegriff der Französischen Revolution: Studien zur Revolutionsideologie, Göttingen 1988, S. 144 f.

[40] Vgl. Gittermann, Johann Christian Hermann, Hinrichtung (wie Anm. 10), S. 17.

Die oben erwähnte neue Qualität der Gewaltanwendung zeigt sich somit nicht in deren Ausübung an sich, sondern viel mehr in der Gruppe der Betroffenen, gegen die sie sich nunmehr richtet. Gittermann scheint demnach nicht prinzipiell gegen das Prinzip des Terrors als konfliktlösendes Mittel zu sein. Das Gewaltmonopol sollte bei den Fürsten und Königen liegen und sich vor allem nicht gegen sie wenden.

Darüber hinaus sieht er die Gewalt als willkommenes Argument zur moralischen Überhöhung seiner christlich-absolutistischen Weltanschauung und Herabwürdigung der neuen anarchischen Zustände. Seit der Hinrichtung des Königs wurde die Revolution von der breiten Masse des Volkes negativ bewertet. Gittermann erkennt den Terror der Revolution als deren ethische Schwachstelle und versucht diese effektiv zur Meinungsbildung zu nutzen. Er packt mit seinen Worten die Menschen bei ihren Urängsten, um Stimmung gegen die Revolution zu machen. Dabei wählt er teilweise sehr drastische Beispiele zur Untermauerung seiner Argumentation, wie beispielsweise den von den Revolutionären begangenen Kindsmord.[41] Im Ganzen verfolgt Gittermann den Zweck, über die Gewalt als Aufhänger den gesamten Revolutionsgedanken zu diskreditieren. Die angestrebte und notwendigerweise ebenfalls gewaltsame Gegenrevolution rechtfertigt er hingegen als Pflicht in Gottes Namen.[42]

Ein weiterer Ausdruck seiner Ablehnung der neuen Verhältnisse stellt die Verklärung der früheren Zustände dar. Mit Formulierungen wie *O Frankreich, einst beglükters Land*[43] oder *Europens schönsten Staat*[44] verherrlicht Gittermann das ehemalige Königreich als paradiesischen Ort. Gleichzeitig sei Frankreich das Land, das *sonst die halbe Welt zum Muster nahm*[45] und hatte daher mit seinem monarchischen und absolutistischen Gesellschaftssystem eine Vorbildfunktion inne, die es allerdings mit dem Wechsel der Machtverhältnisse verloren habe. Gittermanns Präferenzen hinsichtlich der alten Ordnung spiegeln sich in seinem lyrischen Werk somit wider.

---

[41] Vgl. ebd., S. 9.
[42] Vgl. ebd., S. 16.
[43] Vgl. ebd., S. 7.
[44] Vgl. ebd., S. 4.
[45] Ebd., S. 10.

4. Zusammenfassung

Die Hinrichtung Ludwigs XVI. stellt ein folgenschweres und entscheidendes Ereignis in der Geschichte der Französischen Revolution dar, denn es markiert den Übergang zur jakobinischen Terrorherrschaft unter Robespierre. Gleichzeitig sorgte die Abschaffung der Monarchie auch für einen Umbruch in der Denkweise der Menschen. Manche Bürger identifizierten sich mit der revolutionären Gewaltmentalität und andere sahen die Hinrichtung des Königs als driftigen Grund, um vom radikalen Revolutionsdenken Abstand zu nehmen. Die revolutionäre Gewalt erhielt eine neue Qualität als Mittel zur Demonstration von Macht und beeinflusste das gesamte Volk, unabhängig davon, ob sie auf Zustimmung oder Ablehnung traf.

Gittermann steht hierbei der Revolution mit Abneigung gegenüber. Er sieht in der neuartigen Auffassung der Revolutionäre eine Abkehr von der christlichen Moral und den absolutistischen Wertvorstellungen und Strukturen, die für ihn jedoch oberste Priorität besitzen. Aus diesem Grund beabsichtigt er mit seinem Gedichtband die Menschheit von der „besseren" konservativen Weltordnung zu überzeugen, indem er den Terror und die Gewalt als Schwachpunkt der Revolution argumentativ zu seinem Vorteil nutzt. In Anbetracht der überwiegend negativen Evaluierung der jakobinischen Gewaltmaßnahmen sieht Gittermann die Möglichkeit, die Allgemeinheit umzustimmen und zur Vernunft zu bringen. Allgemein vertritt er eine streng christlich-absolutistische Weltanschauung, die sich auf das traditionelle Herrschafts- und Gesellschaftssystem stützt. In diesem Zusammenhang lobt Gittermann besonders das ehemalige Frankreich, da es für ihn den absolutistischen Idealstaat repräsentiert.

Aufgrund des bisherigen besonders in Deutschland bestehenden Bedarfs an Forschungen vor dem Hintergrund der Mentalitätsgeschichte, stellt die Gewaltgesinnung in der Französischen Revolution eine ausgezeichnete Forschungsgrundlage unter einem mentalitätsgeschichtlichen Blickwinkel dar. Da die Geschichte der Französischen Revolution auch in anderen europäischen Staaten einen Perspektivenwechsel zur Folge hatte oder zumindest die Menschen zum Umdenken anregte, könnte es durchaus von erkenntnistheoretischem Wert sein, die Einflüsse des Revolutionsdenkens auf die umliegenden Länder genauer zu beleuchten. Im Kontext der vorliegenden Arbeit bot es sich aufgrund der thematischen Einschränkung nicht an, einen gesamteuropäischen Überblick zu den Auswirkungen der Französischen Revolution zu geben. In welchem Ausmaß und aus welchem Grund heraus die verschiedenen Länder ähnlich oder divergent auf die Gewalt reagierten wie das deutsche Volk, eventuell auch mit besonderem Blick auf die Migrationsbewegung, stellt allerdings ein forschungswertes Thema in Anknüpfung an diese Arbeit dar.

5. Literaturverzeichnis

Berding, Helmut, Die Ausstrahlung der Französischen Revolution auf Deutschland, in: Französische Revolution und deutsche Öffentlichkeit: Wandlungen in Presse und Alltagskultur am Ende des achtzehnten Jahrhunderts, hrsg. von Holger Böning, München [u.a.] 1992.

Furet, François; Richet, Denis, Die Französische Revolution, München 1981.

Heuvel, Gerd van den, Der Freiheitsbegriff der Französischen Revolution: Studien zur Revolutionsideologie, Göttingen 1988.

Heuvel, Gerd van den, Terreur, Terroriste, Terrorisme, in: Handbuch politisch-sozialer Grundbegriffe in Frankreich/3, hrsg. von Rolf Reichardt und Eberhard Schmitt, München 1985.

Hippel, Wolfgang von (Hg.), Freiheit, Gleichheit, Brüderlichkeit?: Die Französische Revolution im deutschen Urteil von 1789 bis 1945, München 1989.

Kruse, Wolfgang, Die Französische Revolution, Paderborn (u.a.) 2005.

Kuhn, Axel, Die Entstehung der politischen Gruppierungen in Deutschland, in: "Sie, und nicht Wir" / 2, Das Reich, hrsg. von Arno Herzig (u.a.), Hamburg 1989.

Liliencron, Rochus von (Hg.), Allgemeine deutsche Biographie / 9, Geringswald - Gruber – (Neudr. der 1. Aufl. von 1879, 2. unveränd. Aufl), Leipzig 1968.

Schulin, Ernst, Die Französische Revolution, München 2004.

Volker, Sellin, Mentalität und Mentalitätsgeschichte, in: Historische Zeitschrift (1985), 241, S. 555-598.

Vovelle, Michel, Die Französische Revolution – Soziale Bewegung und Umbruch der Mentalitäten, München 1982.

6. Quellenverzeichnis

Gittermann, Johann Christian Hermann, Ueber die Hinrichtung Ludwigs XVI., Königs der Franzosen, am 21. Januar 1793, in: Landesbibliothek Oldenburg digital, in: <URL: https://digital.lb-oldenburg.de/vd18/content/titleinfo/432264> [Zugriff am 04.03.2019].

Robespierre, Maximilien, Über die Prinzipien der politischen Moral, in: Maximilien Robespierre: Über die Prinzipien der politischen Moral: Rede am 5. Februar 1794 vor dem Konvent, hrsg. von Sabine Groenewold, Hamburg 2000.

BEI GRIN MACHT SICH IHR WISSEN BEZAHLT

- Wir veröffentlichen Ihre Hausarbeit,
  Bachelor- und Masterarbeit

- Ihr eigenes eBook und Buch -
  weltweit in allen wichtigen Shops

- Verdienen Sie an jedem Verkauf

Jetzt bei www.GRIN.com hochladen
und kostenlos publizieren